CIP-Kurztitelaufnahme der Deutschen Bibliothek

Lane, Margaret:
Das Eichhörnchen / Margaret Lane. Ill. von Kenneth Lilly.
[Aus d. Engl. von Ilse Walter]. –
Wien; Heidelberg: Ueberreuter, 1981.
Einheitssacht.: The squirrel ‹dt.›
ISBN 3-8000-1216-2
NE: Lilly, Kenneth:

J 1275/1

Aus dem Englischen von Ilse Walter
Originaltitel »The Squirrel«, erschienen im
Verlag Methuen/Walker Books, London

Printed in Italy

Das Eichhörnchen

Margaret Lane

Illustriert von

Kenneth Lilly

Ueberreuter

Das Eichhörnchen flitzt so sicher durch die Baumkronen, als befände es sich auf einem Gartenweg. Es ist der Akrobat und Seilkünstler des Waldes. Es läuft Äste entlang, hält sich mit seinen langen Zehen an kleinen Zweigen fest, schwingt sich von Baum zu Baum und läuft die Stämme auf und ab, so leicht wie eine Fliege. Es hängt fröhlich kopfüber an einem Ast und genießt die Frühlingssonne oder sitzt aufrecht da und frißt, wobei es die Nahrung in den Pfoten hält.

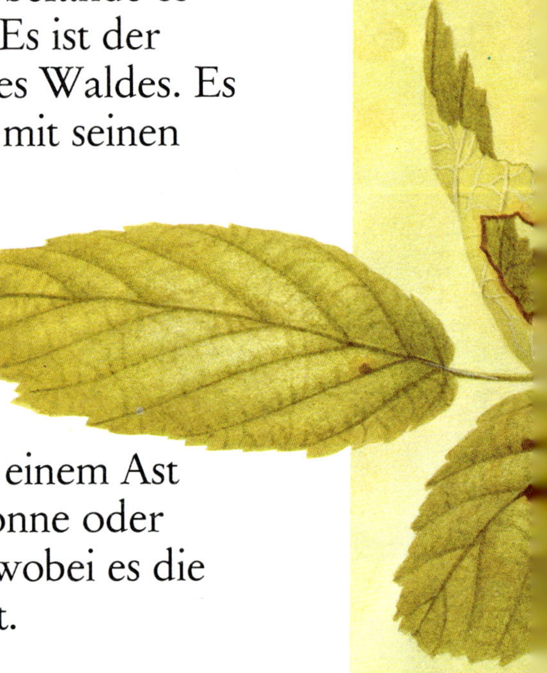

Das rote Eichhörnchen ist ein sehr hübscher Bursche. Sein Fell ist rötlichbraun und am Bauch cremig weiß. Sein buschiger Schwanz, der es ihm ermöglicht, in den Baumkronen das Gleichgewicht zu halten, krümmt sich wie ein Fragezeichen, wenn es aufrecht sitzt. Im Sommer trägt es lange Haarbüschel auf den Spitzen seiner Ohren, fast wie Quasten, die während der Herbstmauser verschwinden. Im Winter wird sein pelziger Schwanz fast weiß.

Die roten Eichhörnchen leben in den Wäldern Europas und Nordasiens. In unseren Breiten gab es früher nur rote Eichhörnchen, bis man vor etwa hundert Jahren graue Eichhörnchen aus Amerika brachte und in privaten Wildparkanlagen aussetzte. Die grauen, zäh und unerschrocken, haben sich sehr rasch durchgesetzt, während die roten, scheu und vorsichtig, durch Krankheit stark vermindert wurden. Nun vermehren sie sich wieder und breiten sich aus, vor allem im Norden.

Rote Eichhörnchen lieben eine andere Art von Wald als graue Eichhörnchen. Die roten fühlen sich am wohlsten in Nadelwäldern, da die Samen, die sie in den Zapfen finden, ihre bevorzugte Nahrung sind. Sie halten die Zapfen mit den Pfoten und schälen sie mit ihren langen scharfen Zähnen. Sie mögen außerdem Nüsse, Eicheln, Beeren und Pilze, und wenn das Futter in reichem Maß vorhanden ist, scharren sie Löcher in die Erde und vergraben ihre Nüsse. Jedes Eichhörnchen bleibt in seinem Teil des Waldes, so daß es die Nüsse wiederfindet – falls es Glück hat.

Die grauen Eichhörnchen hingegen bevorzugen Mischwälder mit Eichen, Eschen, Buchen und Haselsträuchern, wo es im Herbst Unmengen von Bucheckern und Eicheln gibt, Hagebutten und Mehlbeeren in den Hecken, sowie fast das ganze Jahr hindurch Blattknospen und saftige Schößlinge. Sie schälen sogar die Rinde von den Bäumen, um an den Saft zu gelangen. Das kann dem Baum Schaden zufügen. Das graue Eichhörnchen schätzt auch Vogeleier, stiehlt sie aus den Nestern und trägt manchmal sogar die Jungen davon. Und es scheut sich nicht, die Krokuszwiebeln in deinem Garten auszugraben

Die roten wie die grauen Eichhörnchen sind geschickte Baumeister. Sie errichten ihre Nester hoch oben in den Bäumen, wo sie vor den meisten Feinden sicher sind. Das kugelförmige Nest wird aus Blättern, Zweigen, Gras und Rindenstücken in die Äste gebaut. Es hat keinen Eingang, aber es ist so weich und locker, daß das Eichhörnchen immer einen Weg hinein oder heraus finden kann. Bevor die Jungen zur Welt kommen, zupft die Eichhörnchenmutter weichen Flaum aus ihrem Bauchfell, um das Nest zu polstern, so daß die Kleinen ein warmes Bett vorfinden.

Eichhörnchen wählen ihre Partner zeitig im Frühjahr. Das Männchen verjagt alle Rivalen, die in seine Nähe kommen. Wenn es ein anderes Männchen erblickt, beginnt es zu quieken und zu keckern, es peitscht mit seinem buschigen Schwanz und flitzt in den Zweigen umher, um den Fremdling zu vertreiben. Wenn ein Weibchen auftaucht, stellt das Männchen den Schwanz auf, keckert und tanzt um sie herum. Nachdem sie sich gepaart haben, gehen sie daran, hoch oben in den Zweigen ein Nest zu bauen, das bald hinter grünen Blättern verschwindet. Nach etwa sechs Wochen kommen die jungen Eichhörnchen zur Welt.

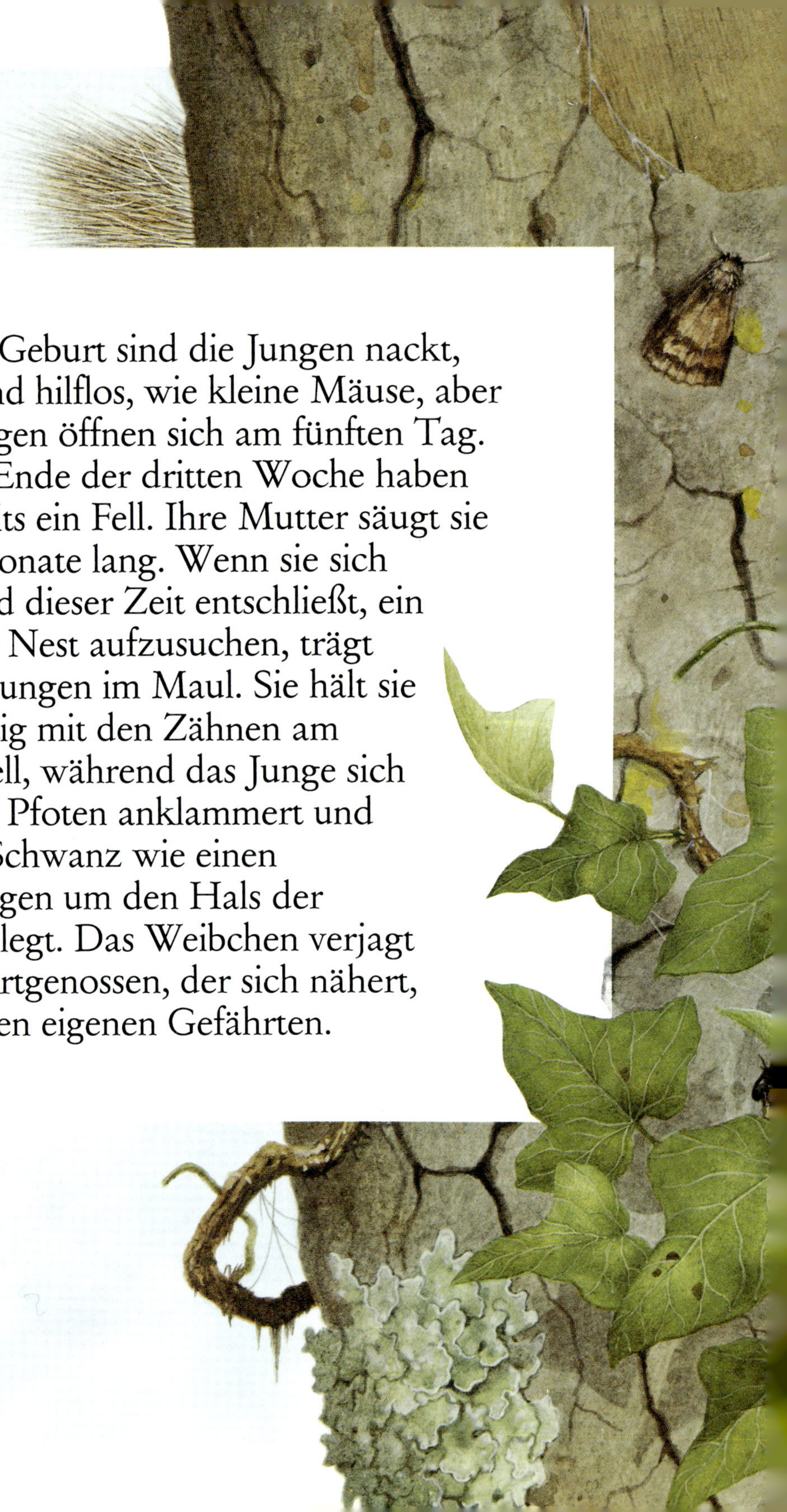

Bei der Geburt sind die Jungen nackt, blind und hilflos, wie kleine Mäuse, aber ihre Augen öffnen sich am fünften Tag. Gegen Ende der dritten Woche haben sie bereits ein Fell. Ihre Mutter säugt sie zwei Monate lang. Wenn sie sich während dieser Zeit entschließt, ein anderes Nest aufzusuchen, trägt sie die Jungen im Maul. Sie hält sie vorsichtig mit den Zähnen am Bauchfell, während das Junge sich mit den Pfoten anklammert und seinen Schwanz wie einen Pelzkragen um den Hals der Mutter legt. Das Weibchen verjagt jeden Artgenossen, der sich nähert, sogar den eigenen Gefährten.

Im Alter von zehn Wochen brauchen die jungen Eichhörnchen feste Nahrung und beginnen die Äste des Baums auf eigene Faust zu erkunden. In dieser Zeit sind sie am meisten gefährdet. Ein Falke, ein Fuchs, eine Eule oder selbst eine Hauskatze könnten plötzlich zuschlagen, denn ein junges Eichhörnchen ist ein delikater Bissen. Doch wenn die Jungen vorsichtig sind, bleiben sie am Leben. Sie hüpfen wie ihre Eltern in den hohen Zweigen umher, sammeln Nüsse, bauen Nester und gründen bald eine eigene Familie.

Viele Leute glauben, daß Eichhörnchen den ganzen Winter in ihren Nestern schlafen, aber das stimmt nicht. Bei sehr kaltem Wetter bleiben sie wohl zwei bis drei Tage im warmen Nest, aber sie werden bald hungrig und kommen von ihrem Baum herunter, um sich Nahrung zu verschaffen, selbst im Schnee. Sie suchen nach Nüssen und anderem Futter, das sie vergraben haben. Wenn das freche graue Eichhörnchen in der Nähe von Ansiedlungen lebt, plündert es gern Vogelfutterhäuschen. Das scheue rote Eichhörnchen ist im Winter selten zu sehen, aber es ist ebenfalls wach. Es lebt von dem, was es findet, oder von Föhrenzapfen und Nüssen, die es in einem hohlen Baum gesammelt hat.

Das rote und das graue Eichhörnchen haben so viele Verwandte, daß es schwer ist, sie aufzuzählen. Es gibt zwischen zwei- und dreihundert Arten, die verschiedene Namen tragen, aber zur selben Familie gehören. In Afrika gibt es ein Borstenhörnchen, das niemals auf einen Baum klettert, sondern in Erdhöhlen lebt. In Amerika gibt es Waldmurmeltiere, die weitläufige Erdloch-»Siedlungen« in der offenen Prärie anlegen, sowie Backenhörnchen, kleine, eifrige Nüssesammler mit hellen und dunklen Streifen im Fell.

Anders als das rote und graue Eichhörnchen halten viele dieser Verwandten Winterschlaf. Sie sind im Herbst dick und fett geworden und erwachen dünn und hungrig im Frühling. Es gibt auch zahlreiche Flughörnchen, sowohl im Norden wie in den Tropen. Mit Hilfe loser Hautfalten, die sie beim Springen wie einen Teppich ausbreiten und die sie auch über große Entfernungen tragen, gleiten sie von Baum zu Baum. Wo immer sie aber leben: Eichhörnchen sind geschickte, kluge und flinke Geschöpfe, die sich stets ihrer Umwelt anpassen, sei es die Wüste, seien es Wälder oder Berge, Parkanlagen oder Vorstädte.